AF339773

LE TIERS-PARTI

RIEN.

QUE DEVRAIT-IL ÊTRE

TOUT.

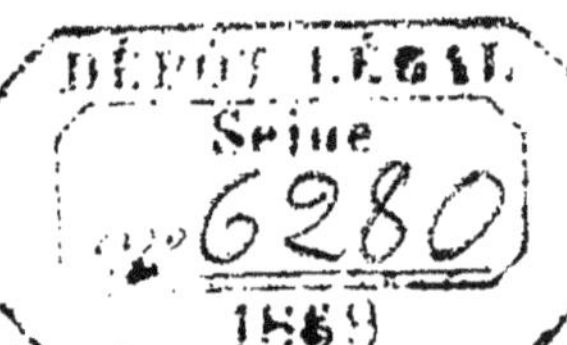

On ne doit avoir ni amour ni haine
pour les hommes qui gouvernent. On
ne leur doit que les sentiments qu'on
a pour son cocher ; il conduit bien ou
il conduit mal, voilà tout. La nation
le garde ou le congédie, sur les
observations qu'elle fait en le suivant des yeux.

(Alfred de VIGNY.

PARIS

E. DENTU, LIBRAIRE-ÉDITEUR

PALAIS-ROYAL, 17 ET 19, GALERIE D'ORLÉANS

—

1869

IMPERIAL.
TIMBRE

CE QU'ENSEIGNENT LES ÉLECTIONS DE 1869

La politique est avant tout une science de pratique et d'expérience, on en a fait jusqu'ici une chose de sentiment et de passion.

Tous les partis sont tombés dans la même erreur; tous, poussés par des haines aveugles ou des enthousiasmes irréfléchis, poursuivent, à travers des voies impraticables, un idéal impossible à réaliser parce qu'il est absurde.

Les monarchistes de toutes les nuances ont entrepris la tâche insensée de faire naître dans le peuple l'amour d'une dynastie; comme si la politique pouvait avoir d'autre base que l'intérêt; comme si la nation pouvait voir dans son chef autre chose qu'un intendant que l'on garde ou que l'on renvoie, selon qu'il fait bien ou mal les affaires de la maison. Et les souverains, ayant l'air de prendre au sérieux les cris de vivent les Bourbons, vivent les d'Orléans, ou vivent les Bonapartes, ont la sottise de songer exclusivement aux intérêts de leur dynastie et d'avoir pour unique objectif de leur politique le maintien de leur autorité.

Les républicains se figurent pouvoir établir brusquement et sans transition le régime de leurs rêves, qu'ils ont si maladroitement compromis, et dont le nom seul donne la chair de poule au commerce et à la propriété. Unis à quelques monarchistes, ils poussent à la révolution, oubliant que jamais une révolution n'a fondé la liberté. La première période en est généralement bonne : c'est celle de la destruction des abus ; mais les abus supprimés, la fièvre du renversement, produit fatal de tout triomphe obtenu par la violence, n'ayant plus rien à détruire de mauvais, s'attaque à ce qui est bon, jusqu'à ce que la nation, effrayée d'elle-même, recule et retombe sous le despotisme.

Or, en France, parmi les gens de bonne foi, les uns ne voient que la première période et préparent la révolution dont ils doivent souffrir ; les autres n'aperçoivent que la seconde, s'effrayent de tout changement et n'osent même pas toucher aux abus de peur d'amener les plus effroyables malheurs.

Et voilà comment l'avenir politique de notre pays est sans cesse compromis par les renverseurs à outrance et les conservateurs quand même.

Il y a chez nous sept ou huit partis dans l'un des-
quels il est convenu que tout homme politique doit
s'enrégimenter. Le drapeau de chacun de ces partis — sans en excepter un seul — symbolise pour le
moins autant de mauvaises choses que de bonnes.
Gardez-vous de choisir celles-ci et de rejeter celles-
là, vous seriez mis au ban de tous les partis. On ne
raisonne pas dans les rangs. On vous traitera à la
fois d'anarchiste et de légitimiste honteux, d'orléaniste déguisé et de rêveur ambitieux ; l'opposition
vous appellera agent secret du pouvoir, si vous trou-
vez qu'il s'est fait quelque chose de passable depuis
dix-sept ans, et votre préfet aura les yeux sur vous,
si vous ne dites pas que la dynastie des Napoléon
est indissolublement liée à la prospérité de la France
et que hors des Bonapartes il n'y a pas de salut pour
la démocratie.

Vraiment, si un négociant apportait dans la direction de sa maison les idées qui inspirent nos hommes
politiques, on le traiterait de fou et il serait ruiné
avant un an. Quand donc comprendra-t-on que la
politique est la première et la plus importante des
affaires commerciales d'un pays, celle où chaque citoyen est actionnaire forcé et a engagé comme mise de
fonds sa fortune, son bonheur et quelquefois sa
vie ?

Le parti du bon sens est encore à créer. Parviendra-t-on jamais à le constituer? Je n'oserais l'affirmer. Non qu'il manque chez nous des hommes sensés, mais ils n'ont aucun esprit d'initiative. Ils croient opposer la force d'inertie de leur calme raison aux manœuvres des fous et des ambitieux ; ils ne s'aperçoivent pas qu'ils sont le jouet des uns et des autres. S'ils ont le bon sens, il leur manque, en politique, la manière de s'en servir.

Un instant on a pu croire qu'ils allaient se rallier autour du groupe de députés auquel appartient M. Émile Ollivier. Mais le tiers-parti de la Chambre, manquant d'activité, de netteté de vues, d'unité, n'a pas eu la force nécessaire pour devenir un vrai parti : il est resté une coterie parlementaire, la tête d'un corps qui n'est pas formé ; car c'est toujours ainsi que nous procédons : nous bâtissons nos édifices par le sommet, et nous nous étonnons de ne pouvoir les mener à bien.

Le but de mon travail est de montrer, par le rapprochement de faits récents et de vérités qui devraient être banales, que les éléments d'un parti résolûment et *uniquement* libéral (on peut l'appeler tiers-parti à défaut de nom meilleur) existent et vont se fortifiant de jour en jour ; que, pour les mettre en œuvre avec quelque chance de succès, il faut d'abord semer dans les masses les idées qu'ils représentent, sans s'inquiéter de chercher des chefs, trop souvent dominés par des tendances personnelles ; qu'enfin il n'y aura du repos pour le France que lorsqu'elle sera débarrassée des préjugés politiques qui l'aveuglent depuis si longtemps. Mais espérer ce résultat n'est-ce pas se bercer d'illusions? Au moment où nous toucherons au succès, surviendra un sophiste de talent qui battra en brèche à coups de paradoxes ce que nous aurons péniblement édifié, et nous applaudirons. La vérité est si banale et le paradoxe a tant de charmes! Il est si fatigant de construire et si amusant de démolir!

Quand je vois la France, l'Espagne et l'Italie, ces trois sœurs de la race latine, livrées toutes les trois au sentimentalisme politique, aux haines sociales, aux illusions pseudo-philanthropiques, s'en aller ballottées à tous les vents comme des navires désemparés, je me demande avec tristesse — moi qui suis latin, et de la partie la plus latine de la France — je me demande s'ils auraient dit vrai ceux qui prétendent que la descendance abâtardie de la Rome antique a besoin d'être régénérée par une nouvelle infusion de sang barbare.

N'importe! Cassandre qui ne devons pas être écouté, voix dans le désert, ne nous décourageons pas de faire entendre le langage de la raison. Plus que jamais, il est utile de dépouiller les événements de l'enveloppe qui les cache aux yeux de la foule et de mettre à nu les enseignements qu'ils renferment.

Manœuvre de ce temps de démolition, je n'attends de mon travail ni profit ni gloire. Nous vivons à une époque où il n'y a ni gloire ni profit à faire preuve de raison et de patriotisme.

Juin 1869.

LE TIERS-PARTI

I

LES ORLÉANISTES ET LES RÉPUBLICAINS.

Ce qui peut faire espérer que l'éducation politique de la France s'ébauchera quelque jour, c'est la rude leçon que le suffrage universel vient de donner aux partis et au gouvernement ; au gouvernement surtout, qui n'est pas un parti, et qui en a toutes les faiblesses.

Saura-t-on voir ? Saura-t-on comprendre ? Saura-t-on accepter la leçon ?

Le résultat le plus apparent peut-être des élections qui finissent c'est d'avoir débarrassé le terrain politique des anciens partis. Je n'attache pas à ces mots le sens que lui donne la prose officielle. Je ferais mieux sans doute de dire l'ancien parti, le vieux parti, le parti en ruine.

Il ne faut pas compter en effet le parti orléaniste, qui n'existe plus depuis longtemps. Il s'est rallié au vainqueur pendant la bataille, au moment où la victoire n'était plus indécise. Les Blondel de la politique s'indignent du peu de fidélité que les bourgeois de 1830 ont montré à *leur roi*.

Si les bourgeois répondaient : « Nous n'avons pas d'autre roi que celui que veut la France ; nous avons soutenu Louis-Philippe tant qu'il a marché avec le pays, nous l'avons abandonné quand le pays n'a plus voulu de lui, » ils auraient mille fois raison. Mais, comme on les a vus soigner les intérêts de leurs personnes et de leur caste sans s'inquiéter de ceux de la nation ; comme leur roi — en raisonnant d'après les idées monarchiques — n'a été traître à sa famille que par cupidité ; comme la révolution de 1830 n'a été faite que pour substituer la bourgeoisie à la noblesse, la féodalité des écus à la féodalité des parchemins, le castor au tricorne et la vanité à l'orgueil, sans plus se soucier du peuple que s'il ne devait jamais se réveiller, le parti orléaniste, couard, infidèle par égoïsme au roi qu'il avait fait son complice, laissera un triste souvenir dans l'histoire.

Heureusement ce parti n'existe plus et tout le monde répudie sa succession.

La plupart de ceux qui le composaient ont compris leur époque, ont fait peau neuve et sont entrés franchement dans les rangs du vrai parti libéral, acceptant d'avance tout gouvernement qui fera les affaires du pays, ou plutôt qui laissera le pays faire librement ses affaires.

S'il y a encore quelques individus qui trouvent tout naturel qu'on ait fait 89 pour le plus grand profit de la boutique, qui gémissent de ce que l'Empire a trop fait pour le peuple, et votent avec l'opposition radicale afin de donner une leçon au pouvoir, ce sont des personnalités isolées. Ces gens-là ne constituent pas plus un parti que ces légitimistes de la branche cadette qui ont voué un culte aux descendants de Louis-Philippe.

Le parti orléaniste n'a donné aucun signe de vie dans ces élections, parce qu'il est mort et enterré depuis longtemps.

Le vieux parti républicain n'existe pas davantage. Je veux parler du parti des sages de 1848, de celui qui s'imaginait naïvement que, pour transformer une monarchie en république, il n'y avait qu'à décréter l'abolition de la royauté.

Ce parti s'est aujourd'hui scindé, divisé, presque pulvérisé. Plus heureux cependant que Pélias, après avoir été coupé en morceaux, il s'est trouvé rajeuni ; mais les morceaux ne sont pas encore ressoudés. Radicaux, autoritaires, monarchistes de la démocratie et du socialisme, communistes, révolutionnaires, libéraux et d'autres encore sont autant de jeunes débris de ce qui fut jadis un parti. C'est au milieu d'eux certainement que s'élabore l'avenir de notre patrie ; mais lequel viendra à bien de tous ces jeunes partis, qui n'ont pas fait leurs dents et dont la plupart mourront sans doute de la dentition ?

II

LES LÉGITIMISTES.

Il ne restait donc, le 23 mai dernier, qu'un vieux parti, le plus vieux de tous, le parti légitimiste.

On le savait bien décrépit, le pauvre centenaire! Il avouait lui-même qu'il n'avait pas longtemps à vivre, et, si on ne le disait pas tout à fait mort, on ne s'attendait guère à le voir tout à coup se redresser avec effort, tendre le jarret, conter fleurettes, de sa voix chevrotante, à dame Politique, et l'embrasser avec rage, espérant, le vieux libertin, en avoir encore un bâtard.

Ces excès-là sont nuisibles aux vieillards : ils les rendent ridicules et les tuent. C'est ce qui vient d'arriver au parti légitimiste.

Les gens de cette opinion avaient depuis longtemps abandonné l'arène politique; beaucoup même n'y étaient jamais entrés. Ils vivaient platoniquement des souvenirs du passé.

En 1830, au milieu d'une lutte qui n'avait rien de social, la retraite fut digne. Mais les événements marchèrent, les idées se transformèrent peu à peu; les légitimistes semblèrent ne comprendre ni la marche des événements ni les transformations des idées. Une malencontreuse tentative de réapparition sur la scène politique aux élections présidentielles et au début de l'Empire prouva que, si le parti était resté honnête, il avait cessé d'être habile — en supposant qu'il l'eût jamais été. Puis, nouvelle éclipse. Les pères, qui avaient *servi la monarchie* à l'époque où on ne servait pas encore la France, étaient morts.

Les fils, qui, eux, n'avaient aucun engagement envers la royauté, voulurent, par un sentiment respectable mais nullement raisonné, imiter leurs pères et rester sous la tente.

Bientôt, en province et même à Paris, on se donna à peu de frais l'air distingué en roulant des yeux langoureux vers Frohsdorf, Venise ou Wiesbaden, et en faisant annoncer dans l'*Union* ou dans la *Gazette* de l'endroit que l'on avait obtenu le rare honneur — qu'un prétendant ne refuse à personne — d'avoir le prince pour parrain d'un de ses enfants.

Les intelligents souriaient mélancoliquement en disant tout bas : « Laissez-nous faire ; cela ne fait de mal à personne. » Mais ils avaient beau ajouter : « Nous ne vivons plus que de souvenirs : nous ne sommes plus un parti, » on avait raison de ne pas les croire sincères. Comment expliquer, en effet, qu'ils aient voulu avoir, aux élections de 1869, des candidats à eux dans beaucoup de départements ? S'il n'y avait pas des espérances communes, des principes communs à faire triompher, que signifie l'alliance des hommes qui reprochent à l'Empire d'être trop libéral avec ceux qui lui demandent des libertés, — car ces deux fractions existaient hier dans le parti défunt de la légitimité ?

Quelle est donc l'idée, acceptée par les uns et par les autres, que pouvaient représenter les candidats légitimistes, si ce n'est l'idée surannée, condamnée, morte à jamais qu'on n'ose avouer tout haut ?

Cette résurrection momentanée était-elle une simple manœuvre n'ayant pour but que de ménager le triomphe d'une opposition quelconque ? C'était alors se dévouer jusqu'à la naïveté que de courir au-devant du ridicule pour le succès d'une cause à laquelle on n'était pas directement intéressé. Et que signifie d'ailleurs cet effroi d'une bonne moitié des légitimistes à la vue du triomphe de la démocratie, auquel ils ont si généreusement contribué ?

Quoi qu'il en soit, après avoir vécu dans la retraite, après s'être isolé de tout mouvement, un parti est mal venu à tirer de la poussière un drapeau qui ne représente plus rien, de l'aveu même de ceux qui l'arborent, et à semer dans le pays une agitation qui ne peut être que stérile.

Les hommes intelligents du parti auraient dû comprendre depuis longtemps que, pour être encore quelque chose, il fallait se séparer nettement et avec éclat des abstentionnistes, voués au sentimentalisme ; des enragés qui voudraient mettre la France à feu et à sang, comptant sur la lassitude pour ramener le gouvernement de leur cœur ; des naïfs, qui croient que le pays n'a cessé de voter en masse pour *son roi*, mais que les gouvernements qui se sont succédé depuis 1830 ont tous habilement joué des urnes à double fond.

Le parti légitimiste peut être encore une force sociale ; sa sottise a été de vouloir s'ériger en parti politique militant.

Les efforts surhumains qu'il a faits pour rallier une minorité ridicule dans les départements mêmes les plus légitimistes, prouvent que, tandis que le pays s'éclairait, lui n'apprenait pas plus de 1848 à 1869 qu'il n'avait appris de 1830 à 1848.

III

LA VOLONTÉ NATIONALE.

Nous avons enterré les morts, voyons maintenant quelles leçons les survivants doivent tirer de la dernière lutte.

Groupez les chiffres comme vous l'entendrez, assemblez-les, combinez-les, divisez-les, vous ne parviendrez point à jeter le moindre doute sur le sens du verdict que la nation vient de rendre.

C'est la condamnation la plus formelle et la plus rude du système qui nous régit.

Presque partout les candidats officiels se sont vus obligés de faire des professions de foi libérales autrement accentuées que celles de 1863 ; presque partout ils se sont déclarés partisans de la responsabilité ministérielle et d'un contrôle plus sérieux des actes du gouvernement par les mandataires du pays. On les a vus préoccupés d'expliquer leur conduite pendant la dernière législature, avec des phrases sous lesquelles on entrevoyait des excuses pour le passé et des promesses d'indépendance pour l'avenir. Et lorsqu'en face de ces hommes que l'on a pu croire sincères, les électeurs que les révolutions effrayent, n'ont aperçu que des irréconciliables ou des représentants d'idées surannées, peut-on s'étonner qu'un grand nombre d'esprits libéraux aient accepté le candidat officiel, quoique officiel, non comme le meilleur, mais comme le moins mauvais ? Le gouvernement a-t-il quelque raison de compter ces votes comme une approbation de sa politique passée, lorsqu'ils ont été donnés à ce qu'on croyait devoir être sa politique future ?

Jetez un regard sur le chemin que l'opinion publique a parcouru de 1857 à 1863, de 1863 à 1869. D'un autre côté, faites, dans les dernières élections, la part des fonctionnaires et de la pression administrative, et voyez ce qu'il reste aujourd'hui de votes libres et raisonnés en faveur du gouvernement personnel.

Comment l'homme des *Idées Napoléoniennes* peut-il hésiter à voir que le peuple qui a fait 1789, 1830 et 1848, prétend être le seul maître de ses destinées, faire lui-même ses affaires, et ne reconnaître aucune souveraineté au-dessus de la sienne ?

Oui, les élections de 1869, les plus libres qui aient eu lieu depuis dix-sept ans, les plus raisonnées depuis la mise en pratique du suffrage universel, ont produit ce résultat capital : d'élever au-dessus de toute discussion le dogme politique de la souveraineté nationale.

Les partis qui essayaient encore d'un semblant de lutte pour la défense du droit divin plus ou moins transformé — et le gouvernement personnel est une de ses transformations — ou pour les prétentions d'une famille, ont été irrévocablement anéantis. S'il reste quelques personnalités isolées qui regrettent des choses et des idées à jamais condamnées, elles sont impuissantes à se constituer en groupe militant. La nation, dans ses parties même les moins éclairées, ne saurait prendre au sérieux ceux qui seraient assez insensés pour tenter de proclamer les DROITS d'un prince ou d'une dynastie.

Voilà donc le terrain politique déblayé d'une de ces énormités que la monarchie absolue y avait implantées, et dont la monarchie populaire avait sottement essayé de se servir ; nous voilà enfin revenus à ce principe aussi vieux que le monde, aussi éclatant que la lumière du soleil : *une nation, réunion d'individus vivant en société et unis par des intérêts communs, a le droit de gérer elle-même ces intérêts.*

Ce droit, qui appartient à tous et à chacun, n'est soumis dans son exercice qu'à deux restrictions : 1° l'impossibilité matérielle de prendre directement, pour toutes les affaires, l'avis de chacun des membres de la société ; 2° l'incapacité de certains de ces membres.

De ces restrictions faussement interprétées sont nés à des époques d'ignorance, de barbarie et de violence, des exclusions, des priviléges de caste, des abus sans nombre qui viciaient le principe dans son application, mais qui pourtant l'ont laissé vivre à l'état de théorie, jusqu'au jour où il a été étouffé par « le bon plaisir, la certaine science et la pleine puissance (1) » des rois.

Quelque opinion que l'on puisse avoir sur les institutions du passé et sur leur raison d'être, eu égard à l'état social au milieu duquel elles se sont produites, on ne peut nier qu'aujourd'hui, avec la diffusion toujours croissante des lumières, avec la presse, avec les facilités de communication qui mettent en contact les hommes et les esprits, élargissent l'horizon intellectuel des masses, et permettent aux habitants des départements les plus reculés de se tenir au courant en temps utile des questions agitées dans les grandes assemblées politiques, il n'y a plus d'obstacle matériel à ce que chaque citoyen prenne part aux affaires du pays, sinon directement, du moins par des mandataires librement élus.

Certaines classes ont-elles assez peu d'intérêts engagés dans

(1) « De notre certaine science, pleine puissance et autorité royale, nous avons ordonné.............. car tel est notre plaisir. » (Formule des ordonnances royales, lettres patentes, etc., sous l'ancienne monarchie.

la grande société que l'on appelle nation pour qu'on puisse les exclure de l'administration et de la politique ? Évidemment non ; et aucun homme sensé n'essayera de soutenir que les questions de paix ou de guerre, de contingent militaire, de tarifs douaniers, d'impôts indirects, d'instruction primaire ou professionnelle, d'encouragements agricoles, etc., ne sont pas aussi vitales pour l'ouvrier et le paysan que pour l'industriel, le capitaliste et le propriétaire.

Mais n'y a-t-il pas en droit politique, comme en droit civil, des mineurs et des incapables ? Oui, et ce sont les mêmes dans les deux cas, c'est-à-dire ceux que leur âge ou l'état de leurs facultés mentales empêche de gérer leurs affaires.

J'avoue qu'il eût été plus juste peut-être, et à coup sûr plus prudent, de fixer à un certain niveau d'instruction la limite inférieure du droit de suffrage. Mais on ne l'a pas fait, et il est des faits accomplis que la sagesse commande d'accepter. La politique doit baser ses théories sur des faits et non sur de pures considérations philosophiques, quelque justes qu'elles puissent paraître. Le défaut des politiques de cabinet a été de tout temps de rechercher ce qui devrait être, et de vouloir faire entrer dans le moule d'une société idéale la société réelle avec ses défauts et ses vices ; tandis que la méthode expérimentale, excellente à employer ici comme en toute science, nous apprend à utiliser ces vices mêmes comme des forces.

Or, le suffrage universel sans restriction, tel qu'il est appliqué aujourd'hui, est plus qu'un droit, c'est un fait accepté et défendu par l'immense majorité de la nation.

Certes, le gouvernement qui aurait prévu l'avénement du suffrage universel — et l'on devait le prévoir — eût fait preuve d'excellente politique et assuré pour longtemps son avenir, s'il eût préparé le peuple à l'exercice de ce droit par une éducation suffisante et par l'abaissement graduel, non pas du cens d'imposition, dont l'absurdité n'a pas besoin d'être démontrée, mais plutôt, si j'ose le dire, du cens intellectuel. Hélas ! tous les gouvernements semblent voués à l'aveuglement et à l'immobilité. Comme des enfants à peine délivrés des lisières, ils n'osent avancer de peur de tomber ; ils se disent forts, et prouvent leur faiblesse en cherchant autour d'eux des appuis illusoires.

Au lieu d'étudier sérieusement la question de l'extension du droit de suffrage, le pouvoir d'il y a vingt-deux ans a préféré la nier. Il a résisté à l'opinion, et le peuple a fait ce qu'il fera toujours lorsqu'on voudra lui fermer la voie large et sûre du progrès : il a renversé les barrières et, au risque de se casser le cou, a couru à son but à travers champs et ravins. La résistance n'a pas arrêté sa marche, elle l'a seulement rendue plus périlleuse et plus dommageable pour tous.

L'impossibilité absolue de s'opposer au courant de l'opinion est un enseignement qui ressort avec la dernière évidence de l'histoire de toutes les nations. Un seul fait est peut-être plus évident encore : c'est l'obstination de presque tous les souverains de l'Europe, depuis six siècles, à fermer les yeux pour ne pas voir la direction de ce courant, à se boucher les oreilles pour ne pas entendre le grondement du flot qui monte et va les engloutir.

Cette obstination paraît si fatalement attachée à l'exercice de la puissance souveraine que l'homme qui, simple citoyen, avait écrit ces belles paroles : « Marchez à la tête des idées de votre siècle, ces idées vous suivent et vous soutiennent ; marchez à leur suite, elles vous entraînent ; marchez contre elles, elles vous renversent ; » cet homme, aujourd'hui sur le trône, semble vouloir se cramponner avec une énergie désespérée au gouvernement personnel, le plus illogique, le plus dangereux, le plus impopulaire des régimes.

Quoi qu'il en soit, la conquête du suffrage universel par la France, si elle a été prématurée, est aujourd'hui définitive ; ce serait folie que de le nier.

IV

LE GOUVERNEMENT.

Sous le règne de la volonté nationale librement manifestée par le suffrage universel direct, est-il besoin de dire que les

mots république et monarchie ne représentent plus des principes , mais seulement des manières plus ou moins commodes,
suivant les temps et les lieux, de mettre en pratique le seul
principe accepté et acceptable dans l'état de nos idées.

La nation est organisée sur le plan d'une société ayant à sa
tête un gérant qu'elle nomme directement et qu'elle soumet
au contrôle de ses délégués. Elle peut trouver plus commode
de nommer ce gérant à vie, ou même, pour éloigner le plus
possible les ennuis d'une élection, d'établir qu'*à défaut de
signification contraire*, le fils succédera aux pouvoirs du père,
par une convention analogue à la tacite reconduction du droit
civil ; mais la durée du mandat du gérant ne doit pas avoir
plus d'influence sur le mode d'administration de la société que
la durée du mandat des autres délégués du pays, députés,
conseillers généraux, conseillers municipaux. Si une question
de temps ne peut rien changer à la manière dont le pouvoir
doit être exercé, encore moins peut-elle en modifier l'essence.
Il est donc absurde en théorie, et, en pratique, tout à fait contraire au principe de la souveraineté nationale, d'admettre que
le gérant héréditaire a une autorité d'une nature autre que celle
du gérant à temps. Le premier, pas plus que le second, n'a
de raison plausible pour avoir une liste civile exagérée, pour
s'entourer de ce faste monarchique à l'abandon duquel
Louis XIV eût peut-être perdu quelque prestige ; mais qui, au
dix-neuvième siècle, fait sourire ceux qu'il ne fait pas mur-
murer.

L'unique caractère de l'hérédité est la fiction en vertu de
laquelle, à la mort du chef, son fils ou son héritier est *présumé
élu, sauf déclaration contraire de la nation.* Je mets au défi
nos politiques les plus retors de me donner une autre théorie
du système monarchique héréditaire qui puisse cadrer avec
les principes démocratiques irrévocablement acceptés.

Dire que l'hérédité, une fois proclamée par le pays, consti-
tue un droit en faveur d'une famille ; affirmer que la volonté
des hommes d'il y a cinquante ans enchaîne la volonté des
hommes d'aujourd'hui, c'est admettre que la nation peut se
lier à perpétuité : d'où il faudrait conclure à la légitimité des
descendants de Hugues Capet, puisque leurs prétentions ont

pour base le choix de la nation telle qu'elle était alors légalement constituée. Que si l'on prétend que les droits des dynasties déchues ont été anéantis par les révolutions, c'est provoquer à la révolte ceux qui espèrent arriver par la violence à un résultat analogue, c'est entretenir des agitations continuelles et sacrifier le repos du pays à un intérêt de famille mal entendu.

Roi ou empereur, président à temps ou président à vie, le chef d'État qui ne veut point engager avec la nation une lutte où la justice ne peut jamais être de son côté, doit se pénétrer de ces deux idées : 1° qu'il n'a aucun droit à conserver ses fonctions, dès que la société de qui il les tient fait connaître son intention de les lui retirer ; 2° qu'il ne peut et ne doit avoir d'autre politique que la politique de la nation, d'autre volonté que celle de la nation : et il ne s'agit point de cette volonté présumée que les souverains ont plus ou moins la prétention de connaître par une sorte de grâce d'état ; il s'agit de la volonté expressément et clairement manifestée par le pays dans ses écrits, dans ses paroles et dans ses votes.

A cette théorie, indiscutable dans sa logique inflexible, on opposera des objections de pratique : comment connaître d'une manière sûre l'opinion de la majorité dans les questions d'administration intérieure et de politique extérieure ? Comment surtout cette opinion pourra-t-elle se manifester d'une manière calme dans les questions dynastiques ? Ne court-on pas le risque de provoquer des changements continuels de système, changements toujours préjudiciables aux intérêts du pays ?

Enfin, un souverain considérera-t-il la position qui lui serait faite par ce régime comme compatible avec sa dignité ?

Cette dernière objection renferme à elle seule toute la question monarchique.

Ou la volonté nationale n'est qu'une vaine formule inventée par des sophistes pour se jouer de la multitude, ou cette volonté souveraine doit pouvoir se manifester librement en toute occasion et non pas seulement par intermittence à la suite des grandes secousses politiques ; ce qui, je l'ai déjà dit, obligerait le pays à tenter une révolution toutes les fois qu'il éprouverait le besoin de faire connaître sa volonté.

Si la volonté de la nation est souveraine, et si elle doit se manifester le plus souvent possible, il est du devoir du chef du pouvoir exécutif, empereur, roi ou président, d'obéir au peuple comme un soldat obéit à son chef, comme un serviteur obéit à celui qui le paye.

Il y a incompatibilité absolue entre la souveraineté de la nation et la souveraineté d'un homme. Appeler souverain l'empereur ou le roi des Français, c'est un non-sens que l'habitude peut excuser, mais il est bien entendu que *souverain,* chez nous, veut dire *serviteur de la nation.* Sinon, ne parlons plus de volonté nationale ; ne jouons pas plus longtemps une indigne comédie, renions les idées de 89 et inclinons-nous tout simplement devant un souverain par la grâce de Dieu. Que si nous tenons aux conquêtes de nos pères et que nous ne trouvions ni roi ni empereur qui en accepte les conséquences, la question monarchique est vidée sans retour.

Aux autres objections énumérées plus haut la réponse est facile.

Jusqu'à présent, tous nos gouvernements ont eu des idées personnelles à faire triompher. Bonne ou mauvaise, ils ont voulu avoir leur politique à eux, sans s'inquiéter de celle de la nation, dont ils avaient entrepris de faire le bonheur malgré elle, et ils se sont crus très-habiles en employant une ridicule tactique qui les a tous perdus. « Toutes les fois, disaient-ils au pays, que vous ne serez pas de mon avis et que vous ne voudrez pas être heureux à ma manière, je lutterai à outrance contre vous avec les armes que vous m'avez mises dans les mains, si bien qu'il faudra ou que je triomphe ou que vous me renversiez. Donc, vous tous, braves gens que les révolutions ruinent, laissez-moi faire à ma tête ou gare, à votre repos ! gare à votre fortune ! »

Je sais bien que tous les gouvernements affirment le plus sérieusement du monde que leurs idées sont celles de la majorité, comme s'ils pouvaient deviner celles-ci par une sorte d'intuition surnaturelle, ou comme si les rapports officiels étaient dictés par l'opinion publique et non par quelques centaines de préfets, sous-préfets, commissaires de police et fonc-

tionnaires de tout ordre, dont le plus grand souci est de faire
non des rapports vrais, mais des rapports agréables.

Et en supposant même que le gouvernement adopte l'opinion
de la majorité du pays, il y a cent chances contre une pour que
le patronage officiel rende bientôt cette opinion impopulaire.
Nous sommes ainsi faits en France que nous préférons le mal
que nous choisissons au bien qu'on veut nous imposer. Or, les
gouvernements ont pris depuis si longtemps la mauvaise habitude de mettre la force dont ils disposent au service de leurs
petits intérêts personnels, que, d'instinct, les hommes indépendants s'éloignent des idées que défend *l'armée des agents
salariés*. Voilà pourquoi chez nous l'opposition est toujours sym-
pathique ; car elle est censée lutter contre la force. Voilà pourquoi le gouvernement, même lorsqu'il obtient la majorité aux
élections, n'a jamais un parti dans le pays, c'est-à-dire un
nombre considérable d'hommes indépendants s'organisant librement, en dehors de toute direction administrative, pour faire
triompher la politique du pouvoir pour la seule raison qu'ils la
trouvent la meilleure. Voilà pourquoi il ne peut y avoir dans
les élections aucun comité actif travaillant d'une manière dé-
sintéressée pour le candidat du gouvernement, et pourquoi le
pouvoir, laissé seul avec ses préfets, ses sergents de ville et ses
gardes champêtres, en est réduit à cet aveu naïf de son isole-
ment, seul argument sérieux invoqué en faveur des candidatures officielles : « Mais, si je ne me défends pas contre *les partis*,
qui est-ce qui me défendra ? »

Eh bien, il faudrait un gouvernement qui n'eût pas besoin
de se défendre, parce qu'on n'aurait aucun intérêt à l'attaquer.

Il faudrait que le chef de l'État fût seulement le gardien de
l'ordre et l'exécuteur désintéressé de la volonté nationale ;
que, rompant nettement avec les traditions déplorables
léguées par l'ancienne monarchie, il se persuadât que la politique intérieure ou extérieure n'a rien à démêler ni avec ses
préférences personnelles, ni avec ses intérêts de famille ;
qu'il n'a aucun droit de disposer des deniers et des charges
de l'État pour se faire des amis à l'intérieur ; de renverser un
gouvernement par ici pour se débarrasser d'un voisin hostile

à sa dynastie, de fonder un empire par là pour se créer des alliés reconnaissants ; que son rôle n'est pas de diriger l'opinion publique, encore moins de l'influencer, mais de provoquer ses manifestations et de lui obéir ; qu'il ne peut être ni l'adversaire ni le partisan d'une idée, mais l'instrument de celle qui triomphera dans le pays ; qu'il ne doit pas interroger l'opinion par l'intermédiaire d'agents toujours intéressés à le tromper, mais bien la laisser arriver librement jusqu'à lui par la presse et par la parole. D'où il suit que le régime parlementaire dans toute sa plénitude, avec son cortége de libertés nécessaires, indispensables ou seulement utiles, est de droit pour la nation. De plus, celle-ci n'a pas pour unique organe officiel auprès du pouvoir la Chambre des députés ; elle a aussi pour interprètes de ses vœux ou de ses blâmes ses assemblées communales et départementales, qui doivent par conséquent être composées de membres librement élus par elle, et présidées par des hommes de son choix, soustraits à toute influence du pouvoir central.

Une décentralisation administrative sérieuse, c'est-à-dire la gestion des affaires de la commune par la commune, celle des affaires du département par le département, sans immixtion ou pression de l'autorité, est donc la conséquence nécessaire du principe de la souveraineté nationale sainement interprété.

Toutes ces conditions que je viens d'indiquer rapidement et bien d'autres qui en découlent, et qu'il est inutile d'énumérer, forment un système complet dans lequel les libertés de tout ordre se font contre-poids. Il faut accepter ou rejeter le système dans son ensemble. L'appliquer en partie, donner, par exemple, la liberté de la presse et la liberté de réunion avec le gouvernement personnel et la centralisation, est un non-sens et un danger. Arrêtez l'horloge, ou laissez-la marcher, mais ne mettez pas en mouvement certains rouages en immobilisant les autres, vous détraqueriez inévitablement la machine.

Si l'avénement de Napoléon III a un sens dans la logique de l'histoire ; s'il est vrai, comme il semble le croire, que son rôle ait quelque chose de providentiel, n'est-ce pas d'implanter définitivement sans secousse, au milieu d'un pays rassuré, les principes démocratiques modernes et surtout la liberté, sans laquelle le germe semé en 1789 ne peut produire que des fruits empoisonnés. Si, après la campagne de Crimée, au moment de sa plus grande force et de sa plus grande popularité, l'Empereur eût donné de lui-même ce que le pays désirait sans oser encore le demander, il se fût acquis la gloire la plus durable qu'il soit possible d'ambitionner; il eût assuré l'avenir de sa dynastie pour le temps le plus long qu'une dynastie puisse espérer aujourd'hui. Une des plus amères désillusions de ceux qui avaient foi en lui a été de le voir ainsi méconnaître la grandeur de son rôle. Il ne pourrait y en avoir qu'une plus amère encore, ce serait de le voir refuser aujourd'hui ce que le pays réclame impérieusement.

L'épigraphe de mon travail m'a été fournie par un écrivain de grand talent, qui ne fut point un homme politique, mais un homme de sens ; je lui emprunterai encore cette maxime : « Le moins mauvais gouvernement est celui qui se montre le moins, que l'on sent le moins et que l'on paye le moins cher. »

Que tous les chefs d'État de l'Europe méditent cette parole. Elle leur indique à la fois leur devoir et leur intérêt ; car nos intérêts et nos devoirs sont solidaires plus souvent qu'on ne pense.

La seule monarchie durable sera celle qui se fera si bien oublier que les citoyens se croiront en république.

V

LE PAYS.

Ce que le pays réclame, personne n'en doute, ce ne sont pas seulement des libertés, c'est la liberté. Mais qu'est-ce donc que la liberté, s'il vous plaît? Car M. Rouher — Dieu lui

pardonne ! — parle de liberté presque aussi bien que M. Jules
Favre, et les candidats officiels ont fait, à peu près tous, des
professions de foi libérales, tandis que plusieurs réunions démocratiques ont semblé effroyablement intolérantes.

On me répondra que tout le monde sait ce que demande
M. Jules Favre et ce que refuse M. Rouher ; que des lambeaux
de papier pendant aux murailles sont tout ce qui reste des
professions de foi multicolores de ces derniers temps, et qu'enfin l'intolérance de quelques hommes ne prouve rien contre le
programme d'un parti. D'accord, mais au milieu de ces divers
groupes ayant tous le même cri de ralliement, que chacun
comprend à sa manière, croyez-vous que le brave électeur, ami
de la liberté, ennemi des révolutions violentes, sache bien auquel il doit entendre ?

— Prenez garde, lui dit-on par ici, dans le camp de l'opposition sont les fauteurs de désordre. Et, en effet, on lui montre
quelques hommes dont l'attitude n'a pas toujours été des plus
rassurantes.

— Mais tous ne sont pas solidaires, lui crie-t-on aussitôt
d'un autre côté ; et puis, ne jugez pas toujours un homme sur
un seul acte, sur une seule phrase. Les circonstances.... l'en-
traînement... Lisez les dix-huit volumes de M. Jules Simon, lisez
les soixante-deux discours de M. Jules Favre, lisez....

— Ma foi, répond notre homme, le moindre programme bien
clair signé de ces messieurs, la moindre déclaration bien nette
sortie de leur bouche ferait mieux mon affaire. Je n'ai pas le
temps de lire des volumes et j'ai peur des révolutions.

— Mais la liberté, citoyen, est le préservatif des révolutions.

— Je le crois comme vous, Monsieur.

— Et les candidatures officielles sont les ronces qui étouffent
la liberté. Extirpons les candidatures officielles et nous verrons
fleurir cette plante précieuse.

— Permettez, Monsieur ; on m'a dit aussi, en 1830 : Extirpons
les Bourbons et la liberté fleurira ; et en 1848 : Extirpons la
royauté et la liberté va porter ses fruits ; et vous voyez la
bonne récolte que nous avons faite. Je n'en suis pas étonné,
Monsieur ; car, moi qui suis agriculteur, je sais fort bien qu'il
ne suffit pas de détruire les mauvaises herbes pour voir pous-

ser les bonnes à leur place. Il faut aussi labourer le champ, il faut y jeter de la semence. Or, dites-moi, s'il vous plaît, comment vous entendez cultiver cette terre et quelle espèce de semence vous voulez y mettre ; car, lorsque notre champ sera défriché, si vous prétendez y semer de l'ivraie ou du chardon, point n'est besoin que je prenne de la peine et que je me mette en dépense.

— Défrichons, défrichons ; nous nous entendrons plus tard sur la semence.

— Point du tout, Monsieur. Je vois là des gaillards qu'on dit vos amis et qui se préparent à jeter de l'ivraie dans nos sillons ; promettez-moi de m'aider à les repousser, promettez-moi de me procurer de bonne semence, et je ferai alors les frais de la culture.

Il y a du vrai dans ce raisonnement et, quoi qu'on en dise, par la faute des uns ou des autres, les élections qui ont repoussé Carnot, Marie, Crémieux, Hénon, Glais-Bizoin, ont mis Jules Favre, Simon, Picard, Pelletan à la remorque de MM. Gambetta et Bancel, en attendant que de nouveaux événements mettent MM. Bancel et Gambetta à la remorque des Rochefort, des Ducasse et des Peyrouton.

Où commencent, dans cette chaîne de l'extrême gauche, les hommes dont le but principal est le renversement de l'ordre de choses actuel et ceux en qui l'amour de la liberté domine et absorbe tout autre sentiment ? Pourquoi cette union des vrais amis de la liberté et de ses ennemis les plus dangereux ?

Ne dites pas qu'un adversaire commun suffit à légitimer la coalition. Le pays commence à comprendre que l'union pour le renversement, excellente pour les ambitieux, est funeste à la nation. Les électeurs sont fatigués de n'être que les pions de la partie d'échecs jouée par les chefs politiques. Ils viennent de faire leur dernière expérience. Essayez maintenant, dans les départements où l'option de certains députés nécessitera de nouvelles élections, essayez de la coalition, et vous verrez le résultat.

Considérée de haut et dans son ensemble, la dernière campagne électorale indique clairement le sens dans lequel le pays prétend marcher à l'avenir ; mais si l'on examine de près chaque élection, on s'aperçoit avec étonnement que la plupart des députés — surtout en province — sont loin de représenter les idées de la majorité des citoyens qui les ont nommés. C'est que l'opposition démocratique n'a eu qu'un programme incomplet, destiné à ménager à la fois la popularité parisienne de ses candidats et leur popularité provinciale. Elle a usé, avec assez d'habileté du reste, des demi-explications, des réticences, des promesses verbales diversement nuancées suivant les pays ; elle a séduit ainsi un certain nombre d'électeurs modérés, mais elle en a effrayé beaucoup au point de les pousser un peu trop avant dans le sens gouvernemental. Les officiels et les officieux profitent de la situation en affectant de diviser la France en deux camps ennemis et irréconciliables : les partisans de l'ordre, c'est-à-dire du gouvernement, et les partisans de la révolution, parmi lesquels ils englobent tous les amis de la liberté.

C'est aux vrais démocrates, à ceux qui mettent le triomphe de leurs principes au-dessus des rancunes du passé, qu'il appartient de déjouer cette tactique. Ils ne peuvent le faire qu'en prenant une situation franche qui ne permette aucune équivoque. Le temps n'est plus de s'acharner à détruire ses adversaires ; attirez à vous toute la vie de la nation, et vous verrez les autres partis se débattre dans leur impuissance.

Ce tiers-parti qui n'a su rien être à la Chambre, formons-le dans le pays, sous un nom ou sous un autre, peu importe l'étiquette. Déroulons son programme, indiquons ses tendances, traçons la route qu'il doit suivre, et demain il sera tout en France, ou bien il faut désespérer de notre pays, si, affamé de repos, inquiet de l'avenir, instruit par l'expérience du passé, il ne se rallie pas en masse à la seule politique qui réponde à ses besoins et à ses aspirations.

Je n'ai pas la prétention de tracer ce programme. On me permettra néanmoins d'en esquisser les principaux traits.

VI

ESQUISSE D'UN PROGRAMME.

I. — Comme règle de conduite générale, attaquer ou défendre les idées pour ce qu'elles valent par elles-mêmes et non pour les personnes qui les soutiennent ou qui les combattent; rester absolument indépendant du gouvernement, le diriger et n'accepter jamais sa direction; résister énergiquement à toute pression de sa part; avoir les yeux sur ses actes pour les contrôler sans parti pris d'hostilité, mais sans se laisser jamais lier à lui par l'intérêt personnel ou la reconnaissance; par conséquent, exiger de lui tout ce qu'il doit, ne rien accepter de ce qui pourrait sembler une faveur. Aller en avant sans regarder s'il suit et sans compter sur son aide ; marcher avec lui s'il est dans la bonne voie, sans lui s'il s'attarde, contre lui s'il est un obstacle ; mais n'employer jamais que les moyens légaux.

II. — Le principe de la souveraineté nationale et de sa manifestation par le suffrage universel étant admis sans contestation possible, c'est en remontant de la base au sommet qu'il faut réparer l'édifice social ; c'est-à-dire qu'il importe de s'occuper avant tout du citoyen, puis de la commune, puis du département, puis encore de la nation dans son ensemble, et en dernier lieu du chef qu'elle s'est choisi.

Pour constituer une bonne démocratie, il faut avant tout une majorité de citoyens honnêtes et éclairés; sans cette condition, les meilleures institutions politiques n'aboutiront jamais qu'au désordre et à l'anarchie. L'instruction du peuple est donc la plus urgente des nécessités actuelles. Je ne veux pas parler seulement de cette instruction qui consiste à savoir lire, écrire et compter ; mais de cette éducation intellectuelle qui fortifie l'esprit et développe le sens politique.

L'Empire a plus fait pour l'instruction du peuple qu'aucun des gouvernements qui l'ont précédé, mais les circonstances lui commandaient de faire plus encore. Sous le règne du suffrage universel, il est plus urgent d'instruire les citoyens que de forger des chassepots, que de bâtir des casernes et des théâtres, que de jeter des millions en pâture à de grands dignitaires « ornements indispensables de la monarchie, » comme on disait il y a deux cents ans, et comme certaines gens voudraient encore nous le persuader. Faut-il donc s'occuper d'embellir la maison et de la prémunir contre les attaques du dehors, quand elle recèle dans ses fondements un feu qui, d'un moment à l'autre, peut la dévorer. C'est cet incendie qu'il faut prévenir à tout prix. Le temps presse ! Dieu veuille que les négligents et les aveugles volontaires ne payent pas chèrement leur faute !

Mais ce devoir d'instruire le peuple n'incombe pas seulement à l'État ; il s'impose à chaque citoyen. Que chacun de nous ne craigne pas et ne dédaigne pas d'employer quelques instants de loisir à éclairer les ouvriers et les paysans. C'est un auditoire qui vaut plus que bien d'autres. Il est sérieux, intelligent ; il demande un aliment pour son esprit et non un passe-temps pour son oisiveté ; il veut des faits et des arguments que son bon sens puisse apprécier, et non des exercices d'éloquence, des jongleries de l'esprit et de la parole dans lesquelles l'orateur déploie sa souplesse et son agilité trop souvent aux dépens de la force et du sens commun. Je voudrais dans chaque village non-seulement des écoles, mais des conférences, des cours, des réunions publiques et privées, politiques et non politiques. Il est vrai que la taquinerie administrative s'acharne à empêcher les hommes indépendants et modérés d'exposer leurs opinions en public. Les entraves, la surveillance, les difficultés de toute sorte les lassent aisément ; les partis extrêmes au contraire ne se rebutent jamais ; ouvertement ou par ruse, au moyen de leurs journaux, de leurs agents, de leurs brochures clandestines, ils arrivent toujours jusqu'au peuple. Les gens tranquilles, qui ne sont point poussés par la haine, ne se soucient guère d'avoir maille à partir avec la police ou le parquet ; ils restent cois, et les idées fausses font leur chemin.

En attendant que l'administration comprenne l'absurdité de sa conduite, c'est à nous tous à ne pas nous décourager et à surmonter quelques dégoûts pour remplir le premier des devoirs patriotiques.

III. — Apprenons au citoyen à se servir surtout des lumières qu'il aura acquises pour y voir clair dans les affaires de sa commune. Qu'avant toute chose, il s'occupe d'étudier, de surveiller, de contrôler ce qui se passe autour de lui. Que par des votes raisonnés, qu'au moyen de conseils municipaux indépendants, on arrive à forcer la main au pouvoir, et que l'on fasse justice du droit monstrueux qu'il s'est donné d'imposer aux communes leurs magistrats municipaux. Que la pression calme mais constante de l'opinion amène une amélioration analogue dans l'organisation des conseils d'arrondissement et des conseils généraux. Quand la commune et le département auront conquis leur liberté, celle de la nation est à jamais assurée.

IV. — Enfin, ne repoussons jamais *a priori* une idée de réforme politique ou sociale, quelque exagérée qu'elle paraisse, sans en avoir provoqué l'examen calme et réfléchi, laissons discuter même ce qui nous paraît indiscutable. Ne nous effrayons pas des grands mots de socialisme, de communisme, de réforme de la propriété et du capital. S'il n'y a là-dessous que des folies, c'est en les mettant en plein jour que nous en ferons justice. S'il s'y trouve quelque chose de bon, pourquoi ne pas l'accepter ? N'oublions pas que les idées les plus banales de notre époque ont paru, il y a quelque cent ans, subversives de tout ordre social.

Ne soyons pas conservateurs quand même de ce que nous croyons être le bien ; car, en politique, le bien d'aujourd'hui sera peut-être le mal de demain. C'est pour n'avoir pas voulu comprendre cette vérité que les conservateurs de toutes les époques ont sans cesse compromis leur cause.

Ce que je viens de dire suffit, je crois, pour faire voir ce que devrait être ce grand parti qui existe à l'état latent dans le pays, mais qui n'a pu se constituer faute d'entente. Il a attendu d'avoir des chefs pour donner signe de vie, et il les attend encore. C'est d'une tout autre façon qu'il faut procéder ; rallions-nous, recrutons l'armée ; ayons dans chaque commune des comités locaux composés d'hommes jeunes, actifs, amis à un égal degré de la liberté, de l'ordre, du progrès ; soyons maîtres dans la commune et dans le département et nous trouverons bientôt des chefs à la Chambre.

Mais de l'activité ! de l'activité ! l'édifice chancelle sur sa base ; il n'est que temps d'agir. Laisserons-nous toujours les étrangers dire que la France n'a de l'énergie que pour détruire, et jamais pour édifier ou conserver ?

L'impression de ce travail ayant été retardée par une circonstance fortuite, un grand acte de l'Empereur est venu démentir, avant sa publication, quelques-unes des prévisions exprimées plus haut sous la forme du doute.

Jamais démenti n'aura été mieux reçu.

Mais si le message impérial fait honneur à la prévoyance du chef de l'Etat, s'il peut, pour quelque temps, rassurer la nation, n'oublions pas que rien n'est changé à la théorie du pouvoir personnel. Nous sommes en présence d'une concession de la puissance souveraine, et non d'une reconnaissance des droits du pays. L'Empereur y parle en bon maître, mais il y parle en maître. Il revendique des *prérogatives* de deux sortes : les unes qu'il est disposé à *abandonner* : les autres, que le peuple lui a plus explicitement conférées, et qu'il regarde comme irrévocablement et perpétuellement acquises à lui et à ses successeurs. Mettez Dieu à la place du peuple, et vous aurez le manifeste d'un Louis XIV libéral.

Ce n'est pas là la position que nous aurions voulu voir prendre par l'élu du suffrage universel. C'était à lui qu'il appartenait de briser la chaîne qui lie encore sa monarchie aux monarchies d'ancien régime. Il était digne de Napoléon III de proclamer le premier qu'un souverain n'a aucun droit contre le droit de la nation, et de détruire à jamais le vieil antagonisme du peuple et du pouvoir.

N'importe, il ne faut pas désespérer du prince qui a signé le message du 11 juillet. Quelques pas encore comme celui-là, et nous serons bien près du but. Mais qu'adviendrait-il si un malheur faisait tomber le gouvernement personnel en d'autres mains?

Que va devenir maintenant l'opposition constitutionnelle du Corps législatif? Ne va-t-elle pas se laisser éblouir par ces concessions et s'endormir dans une fausse sécurité?

C'est au pays de veiller et de ne pas se croire dispensé de faire lui-même ses affaires, parce que le gouvernement semble lui promettre de les faire à sa place.

La solution d'une crise par un acte de prudence du souverain est un fait rassurant pour le présent, mais non un gage pour l'avenir. L'avenir, c'est à la nation de l'assurer par un changement dans l'attitude politique de la partie modérée du pays.

Les conclusions de mon travail restent donc en-
tières. Elles acquièrent même une nouvelle force ;
car c'est surtout au moment où le tiers-parti, en voie
de formation au Corps législatif, retombe dans le
néant, qu'il importe de le former dans la nation.

Paris. — Impr. Paul Dupont, rue Jean-Jacques-Rousseau, 41 (Hôtel des Fermes).